천사들의 나라

파란시선 0006 천사들의 나라

1판 1쇄 펴낸날 2016년 7월 31일
지은이 전윤호
펴낸이 채상우
디자인 최선영
펴낸곳 (주)함께하는출판그룹파란
등록번호 제2015-000068호
등록일자 2015년 9월 15일
주소 (07552) 서울특별시 강서구 공항대로 59길 80-12, 3층(등촌동)
전화 02-3665-8689
팩스 02-3665-8690
인터넷팩스 070-8867-8690
이메일 bookparan2015@hanmail.net

ⓒ전윤호, 2016, printed in Seoul, Korea

ISBN 979-11-956331-6-6 04810
　　　979-11-956331-0-4 04810 (세트)

값 10,000원

*이 책 내용의 전부 또는 일부를 재사용하려면 반드시 저작권자와 (주)함께하는출판그룹파란 양측의 동의를 받아야 합니다.
*잘못된 책은 바꾸어 드립니다.
*지은이와의 협의 하에 인지는 생략합니다.
*이 책의 국립중앙도서관 출판시도서목록(CIP)은 서지정보유통지원시스템 홈페이지(http://seoji.nl.go.kr)와 국가자료공동목록시스템(http://www.nl.go.kr/kolisnet)에서 이용하실 수 있습니다.(CIP 제어번호: CIP2016016878)

천사들의 나라

전윤호 시집

박기정 형에게

경고문

시는 당신의 건강을 해칠 수 있습니다
읽게 되면 끊기가 어렵습니다
우울증을 유발하는 자기 비하와 실연
되도 않을 반항 등이 포함되어 있어
중독되면 통제가 안 됩니다
일시적인 진통 효과에 속지 마세요
위생적이지 못한 제조 방식은
이용자의 정서를 오염시킬 수 있습니다
생활을 해치지 않는 범위 안에서
적당히 즐기시길 바랍니다

차례

경고문

제1부 일회용 라이터

망명 시인	13
천사들의 나라	14
응고	15
일회용 라이터	16
혁명에 관한 명상	17
회의하는 여자	18
토이스토리	19
역사가 홀대받는 이유	20
고양이 국회	21
봄 감기	22
생존 증명서	23
오리에게	24
유실물	25
월평	26
2호선	28
차압	29
마침표	30

제2부 유실물 보관소

동해아리랑	33
유실물 보관소	34
고성리	35
그 사람의 뜰	36

만지고 싶은 말	37
못난이 감자	38
당신의 실연	40
그리움의 역사	41
샘	42
생일 축하 노래	43
아내	44
이별 감기	45
작별 인사	46
이별	47
실연 클럽	48
백양다방	50
벌에게	52

제3부 몰운대 가는 길

쉰을 위한 아라리	55
몰운대 가는 길	56
뗏목꾼	57
귀가	58
그해 겨울	59
돌장광	60
등짐	62
포인트	63
메밀전병	64
무심코 정선	66
법흥사 발전소	67

벼어곡역	68
봄	69
아침의 유령	70
역전으로 가는 다리	72
중년의 꽃잎	76
짐꾼	77

제4부 가동 중

가동 중	81
강가의 소나무	82
경칩	83
고백	84
내 영농법	85
뒤뚱뒤뚱	86
마흔아홉	87
모래성	88
보따리	89
불쑥	90
산책	91
숲의 구성	92
슬픔에게 주는 휴가	93
아들에게	94
아침 바다	95
월동 대책	96
천은사	97
무거운 주머니	98

초겨울 비	100
화본역	101
후회	102

발문
박정대 혁명을 노래하는, 이미 혁명인   103

제1부 일회용 라이터

망명 시인

나이 먹으니 알겠더군
평생 남의 무덤이나 짓다가
결국은 순장당할 팔자라는 거
키만 한 등짐 지고
뒷골목 종종거리다 사라진 사람들
발버둥 쳐야 벌금 고지서 하나 못 당하는 신세
차라리 네게 망명해
새로운 나라나 만들까
가난한 아이를 위한 헌법을 만들고
외로운 여자를 위한 군대를 훈련시킬까
남을 종으로 부리는 세상
깊은 해자 파고 높은 성을 쌓고
내 손으로 만든 왕관을 쓰고 옥좌에 앉아
모자란 자들이 다스리는
저 슬픈 나라를
아무 미련 없이
내려다볼까

천사들의 나라

우리는 이제 걱정 없을 거다
삼백 명 아이들이 천국으로 가
천사가 되었으니
두고 온 나라를 보살펴 주겠지
책임 있는 자들이 침묵하고
예수 팔아먹는 목사들이 망언을 해도
우리는 이제 잘나갈 거다
심청이처럼 바다로 뛰어든 아이들
남겨진 부모를 생각할 터이니
하느님이 보우하사
우리나라 만세다

응고

아버지는 동상이 되었다
부처처럼 금칠을 하고
대를 이어 충성하는 고향 공원에 우뚝 섰다
몰락한 이란 팔레비 왕궁 앞에도 동상은 있다
허리 위는 잘려 발만 남은 왕의 동상 앞에서
관광객들은 독재 기념사진을 찍는다
환관들에게 둘러싸인 푸른 기와집에서
당신은 하루하루 굳어 간다 오래된 피처럼
온몸이 단단해진다
말 많은 세월이 지나면
저들은 또 단청이 화려한 사원을 짓고
당신을 새로운 신으로 모실 것이다
감격한 얼굴로 기념사진을 찍고
권력의 행복과 안녕을 기원할 것이다

일회용 라이터

광화문 스타벅스에서 그를 보았다
반을 접은 조선일보 옆에
아메리카노가 식어 가고 있었다
오랜만입니다 김재규 씨
서울은 아직 쌀쌀하지요
바삐 지나가는 사람들을 보다가
그는 옆자리를 내주었다
이렇게 큰 도시가 예나 지금이나 똑같다니
인간의 진화에는 백만 년도 짧을 때가 있지요
담배를 꺼내기에 흡연 구역으로 안내해 주었다
불편한 흡연을 하는 그의 이마가
계란을 닮았다고 생각했다
바위를 향해 던져지는 삶
그의 담배는 너무 젖어 있어서
생나무가 타는 것 같았다
내가 헤어지기 전에 라이터를 선물한 건
그래서였을 것이다
창가에 앉아 하염없이 거리를 바라보던 그가
오래전에 집을 나간 형처럼
딱해서였을 것이다

혁명에 관한 명상

어금니가 아파서 치과에 갔더니
썩어서 뽑아야 한단다
살려 볼 방법은 없냐고 물었더니
일찍 치료해야 했단다
뼈를 긁는 고통과
부담스러운 진료비가
무슨 변명이 될까
어금니야 미안하다만
이제 그만 사라져 주렴
대신할 이빨을 찾으려면
몇 달 생활비를 바쳐야겠지만
어금니는 썩으면 발치해야 한단다
늦으면 늦을수록
다른 이빨마저 위험해진단다

회의하는 여자

회의하는 여자를 만났지
그녀의 일은 회의하는 것
아침부터 저녁까지
사람들과 회의하네
혼자 결정할 수 있는 건 없어
여럿이 함께 의논하는 것도
마땅치 않아
회의조차도
회의해야 하는
그녀는 고민하네
그녀에게 나는
회의해야 하는 사람
오늘도 기다리다 지친 나는
문밖을 서성이는데
결론을 내는 것이 두려운 그녀는
자꾸 시간만 끌면서
회의하고 있네

토이스토리

인형을 좋아한 소녀가 있었지
한번 가지고 싶으면
모든 사람이 말려도 가졌지
말대꾸 안 해서 너무 예뻐
하지만 장난감은 장난감
금세 싫증나지
어떤 건 미처 꼬리표를 떼기도 전에
불룩한 배를 꿰맨 봉제선이 터진다네
따뜻한 봄날
소녀는 먼 곳으로 소풍 가고
그사이 완구는 버려진다네
집으로 돌아온 소녀는 장난감 가게에서
또 어떤 인형을 고를까
쓰레기통은 가득 차고
소녀는 더 이상 자라지 않는다네

역사가 홀대받는 이유

체면을 지키려는 두 왕이
농사짓던 백성들을 군인으로 징발하고
넉넉지도 않은 식량을 긁어모아서
전쟁을 한다
용감하게 돌격하는 군대의 뒤엔
후퇴하면 목을 베는 왕의 친위대가 있다
어느 정도 시체가 쌓여서
분이 풀리면
승패와 관계없이 왕들은 궁으로 돌아가고
신하들은 위대한 업적을 기록한다
돌보지 않는 논밭엔 아녀자들만 울고 있다

경제가 사상 최대의 실적을 올렸다던 해에
우리 집은 빚만 늘었다

고양이 국회

쥐도 없는 이 집에서
고양이는 하는 일 없이
밥을 먹지만
종일 잠만 자는 그놈에게
필요 없으니 내쫓자고 하는 사람은 없다
고양이는 그저 자는 모습도 예뻐
보는 이를 편안케 한다
여의도 국회의사당에 가면
세상의 모든 바쁜 일 다 짊어진 척
온갖 수선을 떠는 자들도 있다
농성한답시고 의자에 앉아
조는 모습이 뉴스에 나오는 걸 보다가
그냥 저들도 고양이처럼
따뜻한 데 골라서 종일 잠만 자게 하면
사랑받지 않을까 하는 생각이 든다
밥값 하려면
누가 한번 발의해 보지
제발 가르릉 가르릉 잠만 자라고

봄 감기

짧은 치마 날리며 소녀가
옷깃 올리고 종종걸음 치는
봄은 꽃샘추위가 있어야 아름답다
보일 듯 말 듯한 버들가지의 고백이
강요에 의해 들춰지는
이 느닷없는 폭력이
겨울의 학정에 시달린 투지를 부른다
빈 둥지를 이고 선 나무들
걸음마 시작한 개천들
이겨 내지 못하면 오는 것도 없다
한 번 맞으면 두 번 일어서는
저 무모한 성정들이
이 세상을 푸른빛으로 바꾸는 것이다

생존 증명서

그도 나이 먹기 전에
요절 시인으로 남을 기회가 있었다
오래 산다는 건
겁이 많다는 얘기고
기억나는 시 한 편 없다는 건
울타리 밖이라 베어지지 않은
대추도 안 열리는 나무 같다는 것이다
수염을 깎지 않고
식당에서 소주를 먼저 시키고
먼저 계산 안 한다고
연락처의 반이 돌아섰지만
그가 불쌍했다고 말할 순 없다
어디서든 혼잣말을 받아 적고
불행하다고 울지 않았으며
시장을 걸으면 장꾼이 되고
묘지를 걸으면 유령이 되었다

오리에게

소에게 소를 먹이다 병이 생기면
생매장시킨다
오리를 좁은 우리에 가두고 키우다
전염병이 생기면 구덩이부터 판다
텔레비전 뉴스에 뜨는 건
손실을 본 축산 농가의 눈물
시키는 대로 일하고
주는 대로 먹는 우리는
어느 당국자의 보고서 속에서
꽥꽥거리며 사라질까

유실물

늦잠 자고 일어나 부산 떨다가
출근한 아침 뭔가 찜찜하다
지갑도 있고 열쇠도 있고
비가 온다기에 우산도 챙겼는데
오전 내내 큰 잘못을 한 기분이다
300명을 태운 여객기가 격추되고
이스라엘은 아기들을 폭격했다지만
내 관심은 군에 간 아들의 안부에만 가 있다
실적이 나쁜 회사는 인원을 줄인다 하고
나와 친한 간부는 괜찮은지가 궁금한 오후
여전히 나는 뭔가 잃어버린 기분이다
가족들의 생일과 신용카드 결제일을 확인하고
세월호 유가족들이 농성하는 뉴스와
얼굴이 예쁜 여당 후보가 선거운동하는 사진을 보면서
그제야 생각나 무릎을 탁 친다
아침에 먹어야 할 고혈압 약을 빼먹었다
그래 쓰러지지 않으려면
오늘은 눈감고 살아야지
짧은 치마가 어울리는 예쁜 미스 김을 보면서
그제야 마음이 편안하다

월평

월평 가는 버스는 언제 오나요
넘을 수 없는 절벽 아래
굽이쳐 돌아가는 시퍼런 강물을 바라보며
오래 기다리고 있어요

정류장의 낡은 표지판으로
비스듬히 떨어지는 여름 햇살이 조약돌을 달구는 동안
수달이 길을 낸 동굴 어디쯤
푸른 지붕에 짐 보따리를 올린 버스가 오고 있나요

별들이 쏟아지는 한밤중
달맞이꽃들 사이로 반딧불이 날면
뱀장어처럼 매끄러운 옛 애인이 춤을 추는 곳
월평 가는 버스는 언제 오나요

이윤이 남지 않는 탄 더미처럼
마지막 기차역에 부려진 내 인생
세상은 공정하지 않아요
가진 자들끼리 붙어먹지요

월평 가는 버스는 언제 오나요
한 번쯤 멀리서 온 귀빈처럼
온 마을 사람들의 환영을 받으며
날아오르고 싶어요

2호선

먹고살겠다고
매일 이 도시를 빙빙 도는
승객들은 안다
자본의 원심력을 헤어날 수 없다는 걸
계절에 관계없이 청구서는 날아들고
대출금리나 따지는 동안
황급하게 내릴 역은 다가온다
불만의 힘으로 계단을 뛰어오를 때
잔 펀치처럼 요금이 오르고
마지막 결정타가 작렬하는
지상은 봄이다

차압

횟집 수족관에서 새끼를 낳은 상어가
내 머리통을 물어뜯었다
안녕 유리 벽이여
산소를 공급하던 모터의 소음이여
생활을 무시하고
시나 끄적댔으니
빨간 딱지는 감수하겠다
후일담이 궁금한 사람들도 있겠지만
상처는 흉터로 충분하다
기일도 자주 빼먹은 아버지가
내 허파에서 기침하는 밤이면
저승의 한기가 올라오곤 했으니
어차피 시한부였다
천식이 봄을 차압했으니
꽃이 만발해도
다시 돌아오지 않겠다

마침표

마감에 쫓겨
허둥지둥 교정지를 넘기다
문장 중간에 잘못 찍힌 마침표를 놓쳤다
어느 날 선고된 암처럼
인쇄된 뒤에
느닷없이 남은 마침표
재판 찍을 때 바꾸면 돼
폐 속의 점 하나
끊이지 않는 기침
이제 반품이 되면
온몸이 십자로 묶인 채
어두컴컴한 창고에서 대기하다가
전혀 다른 물건으로
재활용되리라

제2부 유실물 보관소

동해아리랑

사람들은 사랑을 잃고 동해로 온다지만
난 동해에서 사랑을 놓쳤지
소금 사러 시장 간 사이
그녀는 사라져 버렸네
흥정을 위해 막걸리 몇 잔 낭비한 사이
파도에 취해 몇 번 쉬는 사이
봇짐을 간수하던 그녀는 어디로 갔을까
백봉령 넘어 백 리 길
구비마다 잰걸음으로 재촉하더니
어느 날쌘 파도를 타고 떠났을까
서러운 소금 한 섬 지게에 얹고
혼자 돌아가네 천 리 길
검은 산 물 밑에 꽃이 지네
아라리요 아라리요
인생은 잃어버려야 철이 든다네

유실물 보관소

그 이름을 잃어 버렸다
못 잊을 줄 알았는데
전화번호도 생각나지 않는다
우주에 사라지는 건 없어서
여기 아니면 다른 데 나타난다는데
당신은 누구의 뜰에 꽃피었을까
어느 햇볕 어떤 바람에
허리를 살랑이며 웃고 있을까
지붕을 두들기는 소낙비
나는 어디서 잃어버린
누구의 애인일까

고성리

벼랑 위에
성이 서 있다
보이는 건 겹쳐진 산봉우리와
눈물처럼 가늘게 흐르는 강줄기뿐
돌을 날라 벽을 쌓고
못을 파고 망루를 만들며
무엇을 지키려 했을까
무너진 성문 앞에서
잡을 수 없었던 너를 생각한다
변방에서 돌보지 않는 시간이 지나고
원군도 없이 꺾인 깃대 하나
이제 눈이 내리고
길이 지워질 것이다
강을 건너던 나루터에는
발 묶인 후회가 몇 웅성거리고
염탐꾼처럼 바람이 서둘러
재를 넘어간다

미련은 희망 없는 농성이다

그 사람의 뜰

만날 때마다
다하지 못했던 말들
헤어진 뒤에야 아쉬워서
두고두고 꺼내 보던 마음들
먼 길 다녀온 후에
담장 위로 슬그머니 본
뜰에
철쭉으로 피었더군
아주 만발했더군

만지고 싶은 말

고향에서 오랜만에 만난 여인에게
많이 보고 싶었다 하니
알롱스럽단다
약간의 부끄러움과
약간의 의심이 담긴 말
아니라 하기도 뭣하고
맞다 하기도 애매한
서울로 흘러가는 조양강이
슬쩍 산굽이를 돌아 내빼는 걸음걸이 같은
해 질 녘 시장에서
혼자 막걸리 마시다가
소나기 후두둑 얻어맞고
정신 차려 보니
알 만한 사람들은 사라지고
나 홀로 알롱스럽더군
세상천지가 알롱스럽더군

못난이 감자

아들이 어릴 때
엄마 상 차리는 거 돕는다고
수저를 놓곤 했다
젓가락이 어려워
가끔 머리가 반대로 놓이기도 했다
잘못 놓은 젓가락 한 벌처럼
아내는 나와 반대로 잔다
내가 코를 곯기 때문이다
코앞의 맨발은
못생긴 감자 같다
엄지는 너무 크고
새끼발가락은 뒤틀렸다
이십 리 길을 걸어 초등학교를 다녔다더니
일하느라
지금도 매일 걷는다
내일을 위해 거꾸로 잠든
아내를 바로잡을 수 없다
그저 내 감자가 얼지 않도록
이불을 덮어 주는 수밖에
주차장에서 취객이 차를 걷어찼는지

경보기 소리가 오래 울렸다

당신의 실연

사랑하지 않아도 새벽이 오고
살필 사람이 없어도 아침은 간다
뜨겁기만 한 한낮
그늘에 숨어 눈물 흘리다
붉게 저무는 서슬에 깜짝 놀란다
반가운 어둠이 개처럼 달려드는 밤
달을 보기 싫어 커튼을 치고
아무 맛도 없는 술을 마시지만
먼저 취하는 건 후회뿐
똑똑 떨어져 부서지는 물방울처럼
그리움이 늘어나더니
투두둑 지붕을 두들기는 비가 내린다
밤새 온 동네가 떠내려간다

그리움의 역사

네 생각에 갇혀
사막이 되었다
머리엔 만년설이 내리고
점점 깊어지는 늑골엔 모래바람이 불었다
한 만 년 고독하려 하였으나
스멀스멀 일어나는 그리움이
가슴을 뚫고 우물을 만들었다
지붕을 올리고 밭을 일구었다
밤이면 별빛 아래 깜박이는 더 작은 불빛들
사라지지 않더라 아무리 애써도
하나둘 지붕을 올리는 집들이 들어서더라
이제 한숨 더 자고 나면
눈앞까지 마천루가 올라오고
불면을 부르는 네온이 번뜩이리라

나는 제대로 실패했다

샘

군대 간 아들이 보고 싶다고
자다 말고 우는 아내를 보며
저런 게 엄마구나 짐작한다
허리가 아프다며 침 맞고 온 날
화장실에 주저앉아 아이 실내화를 빠는 저 여자
봄날 벚꽃보다 어지럽던
내 애인은 어디로 가고
돌아선 등만 기억나는 엄마가 저기 있다

생일 축하 노래

다음 생엔 나와 바꾸시게
팔만대장경보다 긴 사연을 담은
천년 묵은 장
이제 내게 맡기고
제멋대로 집을 나가서
함부로 지껄이고
맘껏 돌아다니시게
나는 버스가 끊어진 한밤중
열이 오른 아이를 달래며
고량주보다 독한 눈물이나 흘리려니
다음 생엔 나와 바꾸시게 아내여

아내

너는 나의 전선 열두 척
중과부적의 바다에
달아나지 않는
마지막 함대

죄 없이 매 맞고
누명으로 우는 밤
절대 가라앉지 않는
천년의 용골

새벽에 다시 일어나
여윈 북채 잡을 때
너는 흔들리는 돛대 위에 오르는
붉은 독전기(督戰旗)

이별 감기

찬바람 부는 봄에는
늙은이들은 병이 깊어지고
젊은것들은 이별을 한다지
겨우내 잘 견디다가
이맘때쯤 걸리는 감기
떨어지지 않는 기침
늑골이 땡기고
속 깊이 묻어 둔 악몽들까지
화산재처럼 끌어올리는 긴급 상황
제멋대로 끓어오르고 넘치다가
종래엔 어두운 구석에 처박혀
볼품없는 바위가 되겠지
여전히 콜록콜록 기침하면
온몸에 여기저기 실금이 가고
넌 왜 떠났을까 되뇌면서
조금씩 부스러지겠지
축축한 이끼가 자라나
그 지겨운 얼굴을 가릴 때까지

작별 인사

그래 이제 짐을 쌀 때
여기저기 널어놓은 미련들을
주섬주섬 개켜서
단단히 매듭을 지어야 할 때
사랑한다는 말 하나로
나는 너의 짐
고린내 폴폴 나는 항아리처럼
이기도 지기도 애매한
골칫덩이
부디 문 닫고 떠날 때
휑하니
마당에 던져 버리렴
오후 볕에 손톱이나 말리다가
비 오면 조각조각
풍경 소리나 만들지

나를 떠나는
네 걸음이 가벼워 보인다

이별

날이 푹해서
창을 잠깐 연 사이
복병처럼 비가 들이쳤다
시집 몇 권과
당신의 얼굴이 젖었다
너무 오래 붙잡았던가
향불 피우고
이제 그만 보낸다

잊는 게 마지막 배려구나

실연 클럽

네온이 번쩍이는 골목과 골목 사이
술집과 밥집이 엉켜 있는 길목에
그 카페가 있다
간판도 없는 나무 대문
본래 마음은 이런 거라고
밀면 육중하다
훅 밀려오는 어둠
상처가 없는 사람은
이쯤에서 돌아가라
머리에 꽂히는 기타 리프
몸을 휘감는 블루스가 버겁다
손님이 들어와도 주인은 본척만척
창문을 꼭꼭 가린 실내는
몇 개의 테이블에만 작은 불이 켜 있다
앉으면 슬픔처럼 파묻히는 의자
누군가 흐느끼는 소리
돌아보지 마라
상관도 없으면서
취하고 싶으면
소주보다 쓴

심장파열주를 시킨다
춤도 없고 동행도 없는
바닥까지 잠수하는 실연 클럽
버림받지 못한 자는
출입 금지다

백양다방
―김종환에게

쓴 커피 한잔 마실 시간은 있겠지
쌀쌀맞던 첫사랑도
언제나 몰아붙이는 불행도
설탕 타고 프림 풀고
몇 번 휘저을 여유는 있겠지

바쁜 척 커피 값을 내고 사라지는
옛날 사람들
아무것도 못 보고
어떤 말도 기억하지 않는
마담의 무표정한 손금고처럼
인생은 그저 멀뚱한 백양나무 한 그루

차 한잔 마실 시간은 있겠지
장꾼들도 사라지는 저물녘
하나도 팔지 못하고
하나도 사지 못해도
강물이 대처로 흘러가는 걸 보다가
제자리걸음이나 하는

이 몸은 도대체 누가 불렀던 아라리 한 소절일까

벌에게

곰이 머리 쑤셔 박고
벌집을 뒤진다
침을 쏘며 막아 보지만
막무가내다
독해서 어지럽기까지 한 꿀은
벌과 꽃이 사귄 증거
가시의 변덕과 한 방 쏘면 죽는 성미가
끈적한 액체가 될 때까지
몇 번의 날갯짓이 필요했을까
여객선이 끊어진 섬에는
동백만 어지럽게 피다 질 뿐
곰이 꿀을 훔치는 건 죄가 아니다
그렇게 살다 갈 뿐이다
벌들이 머리 위에서 앵앵거린다

제3부 몰운대 가는 길

쉰을 위한 아라리

우산으로도 막지 못하는 비가
종일 내리는 수수밭에는
버리지 못한 어제처럼
고무신 한 짝 나뒹굴고
이유 없이 개가 짖네
매일 밤 벌써 떠나간 여자들이
다시 작별 인사를 건네고
아버지 화가 난 안방문은 여태 잠겼네
누런 물이 불어 끊어진 길 너머로
환한 읍내의 불빛
아이는 공부하러 대처로 가고
아내는 책상 이고 쫓아갔다네
쓸쓸하다는 건
살고 있다는 것
발가락에 새끼 걸고
서푼짜리 추억을 꼰다네

몰운대 가는 길

머리에 가을이 들어와
생각마다 온통 낙엽이 지거든
화암에서 약수 한 바가지 마시고
몰운대 한번 가 보렴
층층이 쌓인 벼랑에
눈물보다 파란 시냇물이 휘돌아 나가고
때로는 구비에서 허망하게 무너져 내린
일생이 돌 더미로 뒹구는 곳
몸을 버리고 마음도 버리고
벼락 맞은 소나무 앞에 서면
이마 닿는 곳까지 구름이 내려와
그래 그래 웃어 주는 곳
사는 게 어려워
더 갈 데가 없다면
막차도 보내고 휘적휘적 걸어서
몰운대 한번 가 보렴

뗏목꾼

아름드리 소나무와 참나무로 엮은 뗏목
나는 우쭐거리며 강을 내려갔지
기둥이 없어 집을 못 짓는 사람들에게
비싸게 팔아 한밑천 장만할 생각이었지
황새여울과 된꼬까리를 지나
사람들이 고여 사는 하류로 하류로
까마귀도 없고 어름치도 없는 물길은
한 발만 삐끗하면 뱅뱅 돌고
바닥이 한두 개씩 빠지더니
어느 취한 밤
아주 사라져 버렸지
나는 기둥이 없어 집을 짓지 못하고
시장 밑바닥에 가라앉아 버렸네
언제 나귀 등에 소금 싣고 돌아갈 수 있을까
오늘도 사람들은 뗏목을 타고 내려오고
이 나루 저 나루로
사라지네 다시 보지 못하네

귀가

좋겠다 오두막집 하나
징검다리 건너
은사시나무 머리 보이는
바람의 서식처
돌아가야지 눈 쌓이기 전에
숲 속으로 종종걸음 치는
저녁 해를 따라
삭정이 모아 불 피우고
감자나 구우면서
기다려야지 엄마가 올 때까지
그래도 이만하면
다행이었다고

그해 겨울

읍내에 하나뿐인 의사가 위독했다
폭설에 밖으로 나가는 기차는 끊기고
집집마다 독감이 번졌는데
병원 문은 굳게 닫혔다
막내가 이십이면 다 큰 거라고
술잔을 넘겨주던 아버지는
무엇이 아쉬워 의식도 없이
한 달을 버텼을까
저승 문턱에 걸려 비틀거리던 숨소리
끊어질 듯 이어지던
천식으로 길러 낸 자식들
한 번도 사랑한다고 말하지 못한
내 마을엔 여전히 폭설이 내리고
하나뿐인 아버지가 위독하다

돌장광*

조카가 밖에서 놀다가 맞고 들어오면

형은 돌멩이를 쥐여 주고 다시 내쫓았다

노을이 주린 저녁

이웃집 대문을 걷어차며 악을 썼다

서울서 매 맞고 살다

버스 타고 고향 간다

녹슨 대문 옆에서

돌멩이 하나 주을 것이다

내 방은

매련 없는** 돌장광이다

● 돌장광: 돌이 많은 시냇가.
●● 매련 없다: 형편없다.

등짐

우리 고향은 아름다웠다
강은 언제나 제자리를 지켰고
산에는 먹을 것이 가득했다
아침 한나절 일하면
종일 걱정이 없는 마을
비 오면 메밀부치기 부치고
눈 오면 옥수수를 튀기는 사람들
하지만 강 아래가 막혀
우리 고향은 사라지게 되었다
하는 수 없이 나는
고향을 등에 지고 떠났다
쓰레기가 둥둥 떠다니는
하류에서
이리저리 떠밀리며 살다가
밤이면 구석을 골라 등짐을 푼다
펼쳐지는 산봉우리 아래
반짝반짝 빛나는 창문들
우리 고향은 아직 아름답다

포인트
―메기 낚시

약간 여울져 흐르는 곳
허리보다 깊어도
물살이 돌아도 안 돼

한여름의 햇볕이 뭉쳐 있는
깨끗한 자갈이 깔린 곳
강 가운데나 건너편
큰 바위가 앉은 곳

조용한 상류를 찾아가
발소리도 안 되고
불빛도 안 돼
강의 문지방을 살짝이라도 건들면
그날 밤 낚시는 끝이야

관음보살을 친견하려는 고승처럼
메기를 잡으려면
메기를 존중해라

메밀전병

강원도 정선 오일장에 가면
함백산 주목처럼 비틀어진 할머니들이
부침개를 파는 골목이 있지
가소로운 세월이 번들거리는 불판에
알량한 행운처럼 얇은 메밀전을 부치고
설움을 잘게 다진 묵은지로
전병을 만들지
참 못생기고
퉁명스러운 서방이
대낮에 이불 둘둘 말고 자빠진 모양
한입 씹으면
시금털털한 사는 맛을 느끼지
함석지붕을 때리는 빗소리 들으며
옥수수막걸리를 마시던 친구들은
하나둘 사라지고
뒤통수만 보여 주며 달아나던 처녀들도
간 곳 없는데
이 땅의 하늘을 떠받친 태백산맥 아래
아라리 흐르는 강 사이로
메밀전병 부치는 할머니들은

고소한 기름 냄새 풍기며
아직 그 자리에 있지

무심코 정선

뭐 후회한다고 그때가 돌아오나
젖은 눈을 가진 계집애들은
먼 데로 혼처를 찾아 떠나고
탄처럼 시커멓던 사내놈들은
타관을 떠돌다 늙어
배불뚝이가 되었다
다시 찾아온다고 옛사랑이 기다려 주나
불빛이 제 몸만 간신히 밝히는 공설운동장에서
토끼처럼 떨며 입 맞추던 애송이들
어디로 갔나 배신에 울면서
친구에게 주먹질하던
도무지 어른이 될 것 같지 않던 천둥벌거숭이들
친절하지 못한 미래를 욕하며
함부로 침을 뱉던 골목은 사라지고
우산을 펼친 시장엔
검은 비닐봉다리 하나씩 들고
낯선 사람들이 웃고 있는데
역전으로 가는 강가에 묶인 배처럼 흔들리며
너를 생각한다고 그때가 돌아오겠나

법흥사 발전소

절은 거대한 화력발전소
주차장엔 버스들이 불타고
산문도 불타고 사천왕상도 불탄다
머리에 불이 붙은 신도들이 돌아보는
석탑도 불타고 복전함도 불탄다
산 위로 오르는 길은 심지처럼 뻗어 있고
적멸보궁에서 울려 퍼지는
염불도 불타고 목탁도 불탄다
불타서 끌어올리는 사자산 푸른 하늘
저 거대한 발전 타워
봉우리에서 봉우리로
숲에서 숲으로
전기를 송출한다
눈을 감으면
우우웅
고압선 흐르는 소리가 들린다

모든 거리에 연등이 걸린 듯
세상이 환하다

별어곡역

지금 여기서 나와 헤어진다
싸락눈 내리는 적당한
이별의 온도
울지도 말고
웃지도 말고
그저 가슴께 높이까지만 손을 들어
잘 가라 다시 오지 마라
어디 먼 데 가
따숩게 살거라
추위에 지친 널 보내고
빙판길로 이어진 새로운 겨울 속으로
아주 들어간다

봄

개를 안고
꽃을 보니
겨울이 떠났다

그릇을 굽고
지붕을 고치니
조금만 더 살고 싶다

아침의 유령

밤새 가을비 내리고
어둠에 고인 잠이 깼다
고향에 집을 지은 친구와
너무 많은 술을 마신 탓일까
다른 사람과 사는 여자를 기억하고
우산도 없이 강둑을 걸었던 밤을 떠올렸다
석탄을 가득 실은 기차를 타고
서울로 떠나던 날
역에는 불인이 나와 하얀 손을 흔들었다
덜컹거리며 어두운 터널을 지날 때
속삭이던 말
넌 이제 돌아갈 수 없어
넌 이제 돌아갈 수 없어
사람들이 깨지 않게 조용히 일어나
신발을 신는다
난 이제 고향에서
손님일 뿐이다
날이 밝으면 사람들은
아라리 부르며 잔치를 벌일 것이다
강물은 돌고 돌아서 바다로나 가는데

이내 몸은 돌고 돌아서 갈 곳이 없다●

●강물은 돌고 돌아서 바다로나 가는데/이내 몸은 돌고 돌아서 갈 곳이 없다: 「정선아리랑」의 가사.

역전으로 가는 다리

자라 콧구멍만 한 정선 읍내에
어려서부터 함께 큰
사내 스무 살
여자 열아홉 살

겨울 산토끼처럼
겁 많은 사내가
시험에 합격해 순경이 되었을 때
어울리지 않는다 수근거렸지

우물가 버드나무처럼
호리호리한 처녀는
동네가 알아주는
착하고 부지런한 색시

둘이 사랑하더니
결국 결혼했다
늙은 시부모 모시고
차부 앞 구멍가게 부부가 되었지

잘 어울린다고
하객들도 한마디씩 했다

금방 아들딸 셋 낳고
살 만하더니
맥없이 남편은 순경을 그만두고
술을 마시기 시작했지

매일 마셔도 취하지 않는
살모사처럼 독한 친구 몇
옆구리에 또아리 틀었어

말려도 계속되는 술자리
아내 혼자 지쳐
어느 추운 겨울밤
역전으로 가는 다리 위
창백한 다섯 번째 가로등 아래로
몸을 던졌지

큰아이는 여덟 살

둘째는 일곱 살
셋째는 다섯 살
홀시아버지 일흔 살

차라리 기차를 타고
멀리 달아나 버리지
동네 사람들은 혀를 차고
술친구들은 달아났지

앞뒷산에 빨랫줄을 매는
자라 콧구멍만 한 정선 읍내에
남편은 숨을 곳 없는 서른 살

역전으로 가는 다리 위
창백한 다섯 번째 가로등 아래로
아내를 따라갔지

큰아이는 아홉 살
둘째는 여덟 살
셋째는 여섯 살

홀시아버지 일흔한 살

늦은 밤에도 차부 앞 구멍가게엔
노인이 앉아 있고
사람들은 밤에 혼자 다리를 지나다니지 않는다

중년의 꽃잎

낡은 차가 자꾸 말썽이다
시동이 걸리지 않아
뚜껑을 열었더니
부르르 떠는 엔진 위에
꽃이 떨어져 있었다
바짝 마른 하얀 꽃 한 송이가
나사와 나사 사이에 걸려 있었다
몇 번 응급실로 실려 갔던 I 나도
심장에 꽃잎이 들어갔던 걸까
찻값보다 수리비가 더 나오겠네요
이참에 바꾸세요
수리가 끝나면
칡꽃이나 보러
고향에 다녀와야겠다

짐꾼

수몰되기 전에
보자기에 싸서 짊어진 고향이 무거워
잠시 술집에 들렀는데
혼자 소주 마시는 사내
등에 꽉 매달린 여자 하나
긴 머리가 바람에 날리면
목덜미가 어찌나 희던지
평생 지고 다니는 남자
어차피 우리는
허리가 휘도록 짐을 지지 않으면
뜨신 밥 먹지 못할 팔자
갈 곳은 알아도
편히 누울 자리 없는 신세끼리
칼바람 맞으며 즐겁게 춤추다

제4부 가동 중

가동 중

사직서 쓰고
집으로 들어가지 못하고
소주를 마셨다
언제 오냐고 아내가 묻는 밤
월급날 배 속에
인화물만 쟁여 있다
약간의 억울함과
지키지 못한 약속들이
푹푹 절여지는 시간
이제 모두 태워야지
재로 만들어야지
그 힘으로 터빈을 돌려
어둠을 밝혀야지
비틀비틀 돌아가는 길
그래그래 다 안다고
고압선으로 연결된 사람들이
끄덕끄덕 머리를 흔든다

강가의 소나무

삼월에 눈이 내리니
그가 떠났구나
차마 꽃을 볼 수 없는 마음이
겨울바람 불러
돌아서는 등을 지우며
벼랑 한 구비 넘어갔구나
내릴 수는 있어도
쌓일 수는 없는
허공에 걸린 일생이
이르면 얼마나 이르고
아쉬우면 얼마나 아쉬울까
그저 물처럼 돌고 돌아서
서로 뿌리가 다시 닿으면
손잡고 일어나
나무 한 그루 이루는 법
가지지 못하면
근심도 없으니
날이 밝기 전에
조금만 더 추워하고
조금만 더 흔들려라

경칩

암이라는 사람이
무심한 척 전화했다
그의 병을 모르는 양
지금 봄비 내리니
내일이면 모두 살판날 거라 했다
서로 건강을 물었던가
사랑했던 사람의 후일담을 했던가
이 낡은 아파트에서
누가 외출을 하려는지
수도관들이 웅웅 물소리를 쏟아 낸다

고백

내 늑골 속에 마녀가 살아
사십 도 신열로 난방을 하고
대동맥에 수도꼭지를 연결했지
척추에 냄비를 걸고 마약을 끓이면
구역질이 올라오고
느닷없는 연기를 숨기려고
말도 안 되는 수다를 떨기도 해
좀 도와 달라 부탁도 못 하는 건
그녀가 너무 못생겼기 때문
나를 너무 닮았기 때문
내 속엔 마녀가 살아
월세로 독으로 절인
오기와 심술을 주지
살아남으려면
부작용을 감수해야 해
그러니 내가 고약하게 굴거든
잠시만 외면해 줘

내 영농법

씨 뿌릴 땅 한 평 없어
종이에 시를 쓴다
땀 흘려 이랑을 고르고
한숨으로 모종을 키운다
시는 쌀을 살 수 없지만
밤이면 혼자 자라
어느 날 아침이면
눈부신 꽃이 피고
검붉은 열매 열린다

뒤뚱뒤뚱

새끼들 솜털이 빠질 때가 되면
부모 펭귄은 마지막 먹이를 주고
떠난다
한 일주일 굶으며 기다리다가
어린것들은 깨닫는다
얼음과 바람 앞에서
최대한 빨리
바다로 가야 한다는 걸
바다로 가는 길은 멀다
호시탐탐 목숨을 노리는 갈매기들 뿌리치고
얼음 절벽을 미끄러져
바다코끼리 무리를 뚫고 나간다
깊고 푸른 운명 속으로 몸을 던지는 건
살아 있는 것들의 숙명
뒤뚱뒤뚱
바삐 걸어가는 뒷모습이 서럽다

마흔아홉

심심한 고양이처럼
살금살금 다가와 어깨를 툭 치면
정신이 번쩍 난다
벌써 늦은 오후인데
덜 마른 고추처럼
아직 늘어놓을 미련이 남았나
막차가 일찍 끊어지는 계절
여태 보내지 못한 사람이 있었나
천둥벌거숭이 애도 아닌데
보고 싶은 사람보단 봐야 할 사람을 챙기고
하고 싶은 일보단 해야 할 일을 해야지
서글픈 게 아니다 나이 먹는 거
잘 쓴 시는
시작도 좋지만
마무리가 더 좋아야 하니까

모래성

해 질 녘이면 돌아가야지
엄마가 부르기 전에
신발도 탁탁 털고
아무 일도 없었다는 듯
돌아가야지
종일 만든 모래성도 사라지겠지
공들였던 몇 개의 탑과
조개껍질로 만든 방도 무너지겠지
집을 팔아야겠어요
전세도 안 되겠네요
아내의 등 뒤로 파도치는 소리가 들린다
엄마가 환하게 웃으며 기다리겠지
그게 뭐 좋다고 진종일 있었니
그래도 재밌었어요
찌개를 끓이는 연탄불 아래서
모래투성이 손을 씻는다
곧 곯아떨어질 시간
해 질 녘이면 돌아가야지

보따리

대학 보내야 하는데
성적이 엉망이라고
아내가 따끔하게 혼을 내란다
중간도 못한다는데
애비는 지금 바닥을 기면서
무슨 잔소리
그저 다치지나 않고 크면 감사하지
제 속은 다 비우고
아이를 이고 사는 아내여
우리가 지금 할 수 있는 건
나중에 아이가 우리를 이지 않게
보따리를 만들지 않는 것
달려가는 아이의 등을 보면서
웃으며 손이나 흔들어 주면 다행이라네

불쑥

철들려면 멀었는데
자식들은 다 크고
아내는 아프다

바쁜 척 먼저 간 형과
어금니처럼 부서져 나간
친구들

닫힌 문은 늘어 가고
네게 가는 길 멀어지는데
붉은 줄이 간 청구서처럼

불쑥
봄이다

산책

늦잠 자고 일어나
물 한잔 마시고
오늘은 뭐 재밌는 일 좀 없나
산책 나간다
목줄 채운 후회를 앞장세우고
미안해요란 노래를 흥얼거리며
어제를 한 바퀴 돌면
불을 번쩍이는 구급차가 내 앞을 지나가고
먼 데서 아들이 손을 흔든다
빨 리 와 요
적어도 십 년은 돌보지 않은
옛집엔 국화가 활짝 폈고
내 무덤은 벌써 귀퉁이가 무너졌으니
방금 지나친 오늘처럼
내일도 별일 없이 맑겠네

숲의 구성

소나무는 소나무끼리
참나무는 참나무끼리
숲을 이룬다
두 아들과 아내가 등산로 계단에 서서
손을 흔든다
잘 자란 나무들 같다
아빠 빨리 와
사진 찍어 줘야지
나는 손을 흔들고
식은땀을 흘리며
배경이 되려 뛰어간다

슬픔에게 주는 휴가

세수할 때 보는 내 얼굴이 지겨워
수염을 길러야겠다
정조대 같은 넥타이도 버려야겠다
간밤에 오래된 애인에게 절교당하고
오늘 아침엔 사직서를 쓰는
이제 너에게 휴가를 준다
모자가 달린 옷 한 벌
노트 한 권
누굴 원망하기에도 부족한
소소한 사내
그저 잘 놀다 간다고
떠나라 이 모습으론
다시는 돌아오지 마라

아들에게

기차가 다니는 철교는
바닥을 막지 않아
시퍼런 강물이 다 보였다
허공에 엮인 침목들을 건너야 했다
나이 들어 보니 이 세상도
겉보기엔 그럴싸해도
뒤가 없는 세트처럼
얼기설기 대충 만들었더라
판자 하나만 들춰도
시퍼런 어둠이 매복한 가건물들
발밑이 두려워 망설이지 말거라
사람이 사는 마을은 영원히 미완성이고
먼저 건넌 자들은 과거를 숨길 뿐이다
기관차처럼 가거라
산천을 쩌렁쩌렁 울리며
네 갈 길만 가거라

아침 바다

낡은 여관 창문으로
바다가 보인다
사람이 살지 않는 작은 섬이 보이고
눈이 날린다 파도치는 모래사장에
갈매기 발자국 하나 없다
쌀쌀한 겨울 아침
나는 떨며 서 있다
밤새 내린 눈은 창가에 수북하고
아무도 전화하지 않는 내 방엔
바다로부터 바람이 분다
나는 아침 바다의 그림자
한 천 년 잠들고 싶은
대칭으로 숨 쉬는 기억들
청동으로 굳어 있다

월동 대책

올 겨울엔 비진도로 갈 거야
이 도시의 길이 얼어붙기 전에
통영에서 배를 타고
따뜻한 남쪽으로 갈 거야
동백 숲이 주지인 암자에 앉아
먼 바다의 파도가 굴리는 몽돌해변을 보며
이제 더 이상 뭍에 미련은 없다고
갈매기처럼 끼룩거릴 거야
가족도 친구도 빚쟁이도 없는 섬
제일 높은 곳에 올라
소줏빛 하늘을 바라볼 거야
인심 좋은 어부가 내준 방에서
아침에 해 뜨는 모습을 보겠지
그래 형편이 된다면
올 겨울엔 비진도로 갈 거야
관광객이 뜸해져
비루한 나도 받아 주는 섬
뭍에서 추웠던 이 몸을 벗어던지고
한 천 년 묵은 산호처럼 바다에 잠길 거야

천은사

비 오는 봄날
벚꽃이 떨어져
계곡을 따라 흘러간다
구불구불 한참을 가다가
바위를 만나
잠시 흐름을 벗어나 쉬는데
연이어 내려오는 꽃잎들
흔들리며 줄을 선 모습이
고속버스 터미널 앞 택시들 같다
차례를 기다리다
근심 하나 태우고 떠나는
저 꽃잎들처럼
나도 돌아가야 하리라
수많은 탑들이 길을 따라 늘어선
오래된 집으로

무거운 주머니

전 재산을
주머니에 넣고 다닌다
좀 무겁긴 하지만
잃어버릴 염려가 없다
지갑도 있고 열쇠도 있고
카메라도 있고 자전거도 있다
가끔 필요한 물건을 찾느라
고개를 처박고 헤매기도 하지만
불룩한 무게가 든든하다
언제 들어가 있었는지
잊었던 물건들도 있다
아버지가 남긴 시계를 잡은 전당표
연필로 시를 쓰던 공책
작은 풍금이 있는 교회
최루탄 냄새가 밴 군인대통령들
함부로 역사를 말하는 정치가들
이젠 정리 좀 해야겠다
그만 채우고
버리기도 해야겠다
내가 사라진 뒤

아들이 난처하지 않도록
거리엔 온통
뒤뚱거리며 걷는 사람들뿐이다

초겨울 비

비 오는 날엔 국수를 삶는다
늦잠을 깨우는 빗소리를
냄비에 넣고 끓인다
냉장고에서 무른 호박처럼
돌아가고 싶은 날들이
부글부글 넘치면
찬물을 부어 가라앉힌다
하루 쉬어야 하는 지붕 위로
가난한 비는 종일 내리고
이른 추위에 팔짱을 낀 사람들은
좁은 집 안을 빙빙 돌며 끼니를 준비한다
탁 탁 탁
도마 울리는 소리
어디서 웅얼웅얼 비린 염불 소리 들린다

화본역

아직 쌀쌀한 봄날
꽃을 보러 화본역에 갔지
구멍 난 급수탑이 있는 승강장엔
바닥에도 꽃들이 피어 있었네
짧게 멈추는 기차를 타기 위해
승객들은 뒤꿈치를 들고
꽃 사이로 걸어가고
괜히 볼일도 없으면서
바람에 날리는 버드나무처럼
서성이는 사람들을 보았지
이젠 돌아오지 않는 사람들과
자판기 커피 한잔하고 싶었네

후회

발전소 마당 한가운데 서 있으면
거대한 기계 돌아가는 소리가
온몸으로 느껴진다
땅이 울리고
하늘도 울린다
사방 모든 것들이
다 발전 중이다
한밤에 혼자 깨어
멍하니 앉아 있으면
온 집 안이 가동 중이다
여기저기서 들리는
기계 돌아가는 소리
창을 열면
낙엽을 날리며
바람이 불고 눈이 내리고
온통 거대한 발전소 돌아가는 소리
세상천지에
나처럼
놀고 있는 건 없다

발문

혁명을 노래하는, 이미 혁명인

박정대(시인)

ENTRÉE

마야콥스카야 역을 떠난 지하철이 긴 어둠 속을 통과하고 있다. 다음 역은 세월, 세월 스테이션.(세월 스테이션의 다른 이름은 '앙헬란트' 역이다.)

칼 마르크스와 프리드리히 엥겔스, 빅토르 세르주, 전윤호와 함께 술을 마시는 저녁이다. 노래는 조용필의 「창밖의 여자」도 좋고, 쳇 베이커의 「본 투 비 블루」가 흘러나와도 좋겠다. 밤은 오랜만에 투명하고 어둠은 깊다. 우리는 낮 동안 봉인되었던 시간을 해제하여 밤보다 깊은 머루주를 마신다. 이쯤에선 정선 아라리 한 곡조가 최백호의 목소리로 흘러나와도 좋겠다. 여기는 파미르 고원의 허름한 주막이라고 해 두자. 우리는 지구의 국경수비대원으로 하루의 근무를 마치고 이 허름한 주막으로 모여든 것이다. 정선 전산옥의 주모를 빼닮은 파미르 주막의 주모는 임재범의 팬이다. 우리가 밤새 혁명에 대하여 떠들 때, 아까부터 주모는 「그대는 어디에」를 나직이 부른다. 참 달도 밝은 밤이다. 소금을 흩뿌려 놓은 것처럼 여기저기 눈들이 쌓여 있다. 고립이 부른 평화처럼 파미르 고원의 주막에서 우리의 고립은 한없이 평화롭고 몽롱하다. 몽롱한 것이 장엄한 것은 아닐진대, 몽롱함이 삶의 그 어느 명료함보다 장엄한 숭고미를 불러일으키는 밤이다.

빈 술통이 조금씩 늘어날 때마다 달빛은 더 환하게 파미르 고원을 비추고 주막의 호롱불은 마치 애꾸눈의 밤을 밝히는 또 다른 눈동자처럼 빛난다. 광개토대왕을 닮은 전윤호 시인이 술에 조금 취해 원고 한 권을 툭 건넨다. 읽어 봐라, 제목은 '천사들의 나라'야. 그러지요 뭐. 나는 소수림왕처럼 담담하게 대답한다. '전사들의 나라'라, 원고를 읽지도 않았는데 가슴은 벌써 반월도를 차고 사막과 초원을 내달리는 유목민 전사처럼 쿵쿵 뛴다. 말발굽에서 풀잎 냄새와 모래 냄새가 함께 나듯이 원고는 읽어 보지도 않고 나의 상상은 말발굽을 달고 세상의 모든 국경들을 모색하고 있다. '전사들의 나라'라니! 달빛 밝은 애꾸눈의 밤은 끝을 모르고 깊어 간다. 나는 반월도가 부조된 내 지포 라이터로 담배에 불을 붙인다. 아무래도 근초고왕과 유리왕도 불러야겠다. 이렇게 멋진 밤, 광개토대왕의 시집 원고라는 안주가 있으니 이 밤은 더없이 풍성하고 흥겹겠다. 칼 마르크스와 프리드리히 엥겔스, 빅토르 세르주는 술을 마시면서도 그들이 앞으로 펴낼 책에 대한 이야기를 하고 있다. 『자본론』과 『공산당 선언』, 『러시아 혁명의 진실』이다. 아마 조만간 책으로 묶일 모양이다.

　유리왕이 기타를 들고 근초고왕과 함께 주막으로 찾아왔다. 내가 전윤호의 시에 대하여 말하기 전에 축하곡을 한 곡 부르겠단다. 유리왕은 최백호의 「그냐」를 부른다. 근초고왕이 답가로 영어 버전의 「님은 먼 곳에」를 부른다. 시에 대한 이야기고 뭐고 파미르 주막의 분위기는 이미 흔전만전 취흥이 무르익었다. 달빛은 속수무책, 지구가 온통 환하다. 그런데 그 순간 광개토대왕의 넓은 어깨 위에 "삼백 명"(『천사들의 나라』)의 천사들이 와 앉아 있다. 난 그때서야 알아챈다. 그리고 그것을 확인하기 위해 호롱불 가까이에 앉아 시집 원고를 자세히 본다. 시집 제목은 '전사들의 나라'가 아니라 "천사들의 나라"다. 갑자기 내 앞에 앉아 묵묵히 술을 마시는 그가 거대한 슬픔처럼 보인다. 저 광활한 내면 속으로는 또 얼마나 많은 슬픔들이 망명한 것인가. 전윤호라는 거대한 제국의 성분은 팔 할이 슬픔이었다. 나는 그에게 술을 한 잔 더 권하고 실크로드처럼 펼쳐진 밤의 길고도 환한 길을 바라본다. 먼 길을 떠나려는 자와 먼 길에서 돌아오는 자, 모두 여기 파미르 고원 주막에 들러 한잔할 테니, 떠나려는 자든, 돌아오려는 자든, 우리는 결국 한잔하는 자, 뜬금없이 요즘 나오는 어떤 드라마의 제목 하나가 떠오른다.

"사랑이 아닌 모든 소리는 침묵하라."

달빛은 교교하고 담배 연기는 혁명의 전주곡처럼 피어오르는데, 전윤호의 시들은 '거대한 슬픔'처럼 술상 위에 웅크리고 있다.

*

「나타샤 댄스」를 듣는 밤이다. 이미 자정이 넘었으니 나타샤도 잠들었으련만 음악은 아련하고 경쾌하다. 소설 쓰는 후배 김도연은 강원도 정선을 '인도'에 비유했지만 나에게 정선은 강원도의 '러시아'다. 『천사들의 나라』에 그려진 전윤호의 정선은 '어머니의 나라'다. 모국이다. "어머니와 조국 중에 하나만을 선택하라면 난 기꺼이 어머니를 선택하겠다"던 알베르 카뮈의 말을 굳이 들먹이지 않더라도, 똑같은 질문을 그에게 던진다면 그는 한 치의 망설임도 없이 '정선'을 선택할 것이다. 왜냐하면 정선은 그에게 '어머니'이며 '어머니의 나라'이기 때문이다. 그곳은 그의 육체와 영혼, 희로애락의 모든 감정이 발생한 곳이며 궁극적으로 그가 돌아갈 곳이기 때문이다. 네 개의 부로 이루어진 『천사들의 나라』는 정치, 역사, 사회에 대한 패러디, 잃어

버린 것들에 대한 애환, 타향살이의 비루함 등으로 채워져 있다. 시집의 곳곳에 정선 뼁대 같은 절창을 숨겨 놓은 그의 다섯 번째 시집은 여러 가지 면에서 각별한 의미로 나에게 다가온다. 박세현 시인이 젊은 시절에 썼던 『정선 아리랑』(문학과지성사, 1991)이 정선을 동경하는 여행자의 시선이라면 『천사들의 나라』에 그려진 정선은 그곳에서 태어나 그곳에서 자란 토박이의 슬픈 시선이 감정의 가감 없이 표현되어 있기 때문이다. 가령, 「메밀전병」이나 「무심코 정선」은 토박이의 정서를 온전히 드러내고 있다.

> 강원도 정선 오일장에 가면
> 함백산 주목처럼 비틀어진 할머니들이
> 부침개를 파는 골목이 있지
> 가소로운 세월이 번들거리는 불판에
> 알량한 행운처럼 얇은 메밀전을 부치고
> 설움을 잘게 다진 묵은지로
> 전병을 만들지
> 참 못생기고
> 퉁명스러운 서방이
> 대낮에 이불 둘둘 말고 자빠진 모양
> 한입 썹으면
> 시금털털한 사는 맛을 느끼지
> 함석지붕을 때리는 빗소리 들으며
> 옥수수막걸리를 마시던 친구들은

하나둘 사라지고

뒤통수만 보여 주며 달아나던 처녀들도

간 곳 없는데

이 땅의 하늘을 떠받친 태백산맥 아래

아라리 흐르는 강 사이로

메밀전병 부치는 할머니들은

고소한 기름 냄새 풍기며

아직 그 자리에 있지

—「메밀전병」 전문

뭐 후회한다고 그때가 돌아오나

젖은 눈을 가진 계집애들은

먼 데로 혼처를 찾아 떠나고

탄처럼 시커멓던 사내놈들은

타관을 떠돌다 늙어

배불뚝이가 되었다

다시 찾아온다고 옛사랑이 기다려 주나

불빛이 제 몸만 간신히 밝히는 공설운동장에서

토끼처럼 떨며 입 맞추던 애송이들

어디로 갔나 배신에 울면서

친구에게 주먹질하던

도무지 어른이 될 것 같지 않던 천둥벌거숭이들

친절하지 못한 미래를 욕하며

함부로 침을 뱉던 골목은 사라지고

우산을 펼친 시장엔

검은 비닐봉다리 하나씩 들고

낯선 사람들이 웃고 있는데

역전으로 가는 강가에 묶인 배처럼 흔들리며

너를 생각한다고 그때가 돌아오겠나

―「무심코 정선」 전문

특히 이번 시집에서 어떤 구절을 읽을 때는 '어떻게 이렇게 정교하고 아름답게 그 풍경을 표현할 수 있을까' 홀로 자문하며 놀라기도 한다. 정선군은 도대체 무얼 하고 있는지 모르겠다. 전윤호 시인에게 정선의 계관시인을 허하라. 그에게 영구임대주택과 생활비를 제공하고 시만 쓰게 하라. 그게 어쩌면 공공 기관이 한 개인 예술가에게 행할 수 있는 최선의 문화 정책일 테니.

*

이 몸은 도대체 누가 불렀던 아라리 한 소절일까

―「백양다방」 부분

서울서 매 맞고 살다//버스 타고 고향 간다//

녹슨 대문 옆에서//돌멩이 하나 주을 것이다//

내 방은//매련 없는 돌장광이다

―「돌장광」 부분

전윤호의 시는 일상에서 추출한 단순하고도 강력한 시어로 깊은 상징에 도달하고 있다. 억지스럽지 않은 감정의 흐름은 "황새여울과 된꼬까리를 지나"(「뗏목꾼」) 자연스럽고 부드럽게 감정의 보편적 하류에 도착한다. 감정의 자연스러움은 표현의 자연스러움으로 이어지며, 형식과 내용이 한 몸으로 꽉 붙어 있는 그의 시는 "이 몸은 도대체 누가 불렀던 아라리 한 소절일까"라고 반문하고 있지만, 외려 그의 시들은 정선 아라리의 전통에 그 뿌리를 두고 있다. 김수영의 말마따나, "시는 온몸으로 밀고 나가는 것"이라면 그의 시는 정선 아라리의 전통과 김수영 시학의 중간쯤에 위치한다는 점에서 한국 시단에서 독특한 자리를 차지하고 있다고 볼 수 있다. 또 한편으로 나는 그의 시들이, 일제강점기 때 강제로 고향을 빼앗기고 발붙일 한 뼘의 땅도 없이 북간도며 동북아 일대를 떠돌던 조선의 유랑민들과도 정서적 맥이 닿아 있다고 생각한다. 어머니로 상징되는 고향을 상실한 자로서의 유랑, 고향에서 꿈을 키우던 한 소년이 어쩔 수 없이 도시로 올라와 겪게 되는 온갖 남루와 비루함, 어른이 되어서도 고향과 도시 그 어디에도 정착하지 못하고 부초처럼 떠도는 그의 떠돌이 의식, 그러한 감정들이 "매련 없는 돌장광"처럼 이 시집의 주된 내용을 이루고 있다. 그러나 몇 편의 시는 좀 다르다. 누군가에게 빼앗기기 이전의 고향(어머니)과 고향 회복 의지를 노래한다는 점에서 소월 시 중에서도 독특한 위치를 차지하고 있는 「바라건대는 우리에게도 우리의 보습 대일 땅이 있었더면」(『진달래꽃』, 중앙서림, 1925)을 떠올리게 한다. 비록 세상의 관점에서 보면 보잘것없어 보일지라도, 그리운 동무들과 평화롭게 "산경(山耕)"할 수 있는 꿈의 여지를 그 시들은 보여 준다. 그래서인지 이 시집에는 "돌장광" 속에 몰래 숨겨 둔 듯한 보석 같은 절창들이 참 많다. 물론 절창이라는 것은 나의 오롯한 주관적 판단이지만 시인과 어릴 적부터 같은 고향을 공유한 자로서 말하건대, 그의 몇 편의 시는 단언컨대 절창이다. 「뗏목꾼」, 「귀가」 같은 작품은 그가 아니면 그 누구도 쓸 수 없는 '정선'에 관한 절창이다.

> 아름드리 소나무와 참나무로 엮은 뗏목
> 나는 우쭐거리며 강을 내려갔지
> 기둥이 없어 집을 못 짓는 사람들에게
> 비싸게 팔아 한밑천 장만할 생각이었지
> 황새여울과 된꼬까리를 지나
> 사람들이 고여 사는 하류로 하류로
> 까마귀도 없고 어름치도 없는 물길은
> 한 발만 삐끗하면 뱅뱅 돌고
> 바닥이 한두 개씩 빠지더니
> 어느 취한 밤
> 아주 사라져 버렸지
> 나는 기둥이 없어 집을 짓지 못하고
> 시장 밑바닥에 가라앉아 버렸네

언제 나귀 등에 소금 싣고 돌아갈 수 있을까

오늘도 사람들은 뗏목을 타고 내려오고

이 나루 저 나루로

사라지네 다시 보지 못하네

—「뗏목꾼」 전문

좋겠다 오두막집 하나

징검다리 건너

은사시나무 머리 보이는

바람의 서식처

돌아가야지 눈 쌓이기 전에

숲 속으로 종종걸음 치는

저녁 해를 따라

삭정이 모아 불 피우고

감자나 구우면서

기다려야지 엄마가 올 때까지

그래도 이만하면

다행이었다고

—「귀가」 전문

 "몇 번 응급실로 실려 갔던 나도/심장에 꽃잎이 들어갔던 걸까"(「중년의 꽃잎」) 같은 구절은 미셸 공드리 감독의 「무드 인디고」를 떠올리게도 하고, "창을 열면/낙엽을 날리며/바람이 불고 눈이 내리고/온통 거대한 발전소 돌아가는 소리/세상천지에/나처럼/놀고 있는 건 없다"(「후회」)
고 그는 장탄식의 후회를 날리기도 하지만 이번 시집에서
이러한 사소한 감정의 장치는 '거대한 혁명'을 말하기 위
한 하나의 소소한 전주곡에 해당한다고 볼 수 있다. '온몸
으로' 혁명을 노래하고 '온 마음'으로 혁명을 살아 내는 지
점에 전윤호의 시는 존재한다.

*

지금 여기서 나와 헤어진다/싸락눈 내리는 적당한/
이별의 온도
—「별어곡역」 부분

개를 안고/꽃을 보니/겨울이 떠났다//
그릇을 굽고/지붕을 고치니/조금만 더 살고 싶다
—「봄」 전문

 "싸락눈 내리는 적당한/이별의 온도"에서 이를 악물고
이제까지의 자신과 모진 이별을 선택한 전윤호는 "개를
안고/꽃을 보"며, "그릇을 굽고/지붕을 고치"며 "조금만
더 살고 싶다"고 고백한다. 자기 자신과의 불화를 도대체
무엇이 치유한 걸까. 감정의 노마드로서 비참의 사방팔방
을 떠돌던 그에게 무엇이 '생의 의지'를 북돋은 걸까. 그건
바로 '혁명의 의지'다. 내적 혁명의 의지. 세상의 온갖 것

들을 '시'로 혁명하는 동시에 또 하나의 세상인 '나'를 전면적으로 혁명하겠다는 의지.

  세상의 많은 사람들이 말하는 혁명에 관하여 말하자면 전윤호는 분명히 상징적 전사다. 그러나 그는 지금 혁명의 전사이기보다는 혁명을 노래하는 시인이다. 아마도 그가 지나온 혹독한 세월이 그를 그렇게 만들었을지도 모르지만 애초에 '전사'가 되기보다는 '천사'를 노래하는 마음이 어쩌면 그의 본성에 가까운 것이었을 테니, 그가 혁명을 노래하는 시인인 것은 어쩌면 당연한 일일 것이다. "그의 담배는 너무 젖어 있어서/생나무가 타는 것 같았다/내가 헤어지기 전에 라이터를 선물한 건/그래서였을 것이다/창가에 앉아 하염없이 거리를 바라보던 그가/오래전에 집을 나간 형처럼/딱해서였을 것이다"(「일회용 라이터」). 이 땅의 독재자를 날려 버린 "김재규 씨"(같은 시)에게 측은지심을 느끼는 그에게 나는 문득 '체 게바라가 그려진 지포 라이터'라도 하나 선물하고 싶어진다(물론 그는 담배를 피우지 않지만).

  그는 왜 나에게 항상 "오래전에 집을 나간 형처럼" 보이는 걸까. 이 글을 쓰는 지금 나는 그와 함께했던 많은 추억들을 떠올린다. 그와 함께했던 추억의 힘으로 추측컨대 전윤호가 꿈꾸는 세상은 의외로 단순하다. 알롱스러운 말을 "알롱스럽"게(「만지고 싶은 말」) 하더라도 알롱스럽게 느껴지지 않는 사람들과 함께 킬킬대며 사는 세상이다.(정선 말로 '알롱스럽다'는 '겉만 그럴듯하고 진심이 담겨 있지 않다' 정도의 뜻이다.) "산다는 것은 하나의 추억을 완성하기 위하여 집요하게 애쓰는 것이다"라고 파트릭 모디아노는 말하지만, 전윤호 시인이 완성할 '하나의 추억'은 그의 시 속에서 조금씩 완성될 것이다. 혁명의 노래로 써진 그의 시들은 어쩌면 우리는 잘 알지 못하였으나, 어쩌면 우리는 지금도 잘 알지 못하지만, 이미 '거대한 혁명'인지도 모른다. 아직 도래하지 않은 추억을, 오래된 미래를 전윤호는 여전히 꿈꾼다. "날로 나날이 내 앞에는/자칫 가느란 길이 이어 가라./나는 나아가리라/한 걸음, 또 한 걸음./보이는 산비탈엔 온 새벽 동무들/저 저 혼자…… 산경을 김매이는." 소월의 중얼거림이 전윤호의 낮은 탄식으로 이어지는 것을 본다.

"산경을 김매이는" 그리운 동무들이 다 모이는 날, 정선엔 어쩌면 맑은 눈물처럼 "억수장마"(「정선 아라리」) 비 쏟아질 게다. 예전에 그랬던 것처럼, 그는 여전히 시장 한구석 술집 좁다란 골방을 꿰차고 앉아 동무들과 술을 마시고 있을 게다. 처마 끝으로 듣는 장엄한 빗방울 소리를 몽롱하게 들으며 그는, 우리 모두가 꿈꾸는 혁명을 여전히 그만의 또렷한 목청으로 노래하고 있을 게다.

그러니 혁명을 노래하는, 이미 혁명인, 이번 역이 바로 전윤호의 다섯 번째 시집『천사들의 나라』다.

내리실 문은 왼쪽.

SORTIE